MES JEUX EFFAÇABLES

6-7 ans

AUZOU
éducation

lecture

écriture

maths

questionner le monde

Texte de Emma et Thomas Skorupa-Mazars
Illustration de couverture : Mélody Denturck
Illustrations : Benjamin Bécue : 5, 6, 7, 8, 28 ;
Yating Hung : 39, 43, 44, 49 ;
Alice Turquois : 41 ;
Betowers : 24 ; Marine Joumard : 26 ;
Mélody Denturck : 4, 9, 31, 33, 40 ;
Ramona Bruno : 3, 10, 22, 29, 42 ;
Naomi Kado : 11, 19, 35, 37, 45 ;
Cyrielle : 21, 38, 50 ;
Vincent Brascaglia : 14, 18, 27, 36, 47 ;
Caroline Ayrault : 16, 30, 34, 48
Shutterstock : 12, 13, 15, 17, 20, 23, 25, 32, 46, 48

Suivi éditorial de Laurianne Klimczak
Conception graphique de Johanna Fritz
Mise en pages de Magali Meunier
Corrections de Nathalie Coët

Mais qu'est-ce qui étonne ce poussin ? Pour le découvrir, relie toutes les lettres dans l'ordre alphabétique.

L'alphabet

Il y a 26 lettres dans l'alphabet.

A B C D
E F G H I
J K L M
N O P Q
R S T U V
W X Y Z

lecture

Il se fait tard !
Aide Thomas à rejoindre son chien.
Attention, il ne peut passer que par des consonnes !

Les voyelles

A E I O U Y

Les consonnes

B C D F
G H J K
L M N P
Q R S T
V W X Z

Direction
la grande mosquée
de Djenné !
Observe l'image
et entoure
les éléments avec
le son [i].

Le son

i

Il y a plusieurs
façons d'écrire
le son [i] :

un papi**ll**on

une p**y**ramide

lecture

Quel bazar au Mont-Saint-Michel ! Observe l'image et entoure 5 éléments avec le son [o].

Le son

Il y a plusieurs façons d'écrire le son [o] :

un vél**o**

une **au**tomobile

un chap**eau**

Tous à bord du ferry direction la statue de la Liberté ! Observe l'image et entoure 5 éléments avec le son [z].

Le son

z

Il y a plusieurs façons d'écrire le son [z] :

un oiseau

un lézard

lecture

C'est la folie aux Arènes de Nîmes ! Observe l'image et entoure 10 éléments avec le son :

on **ou** **an**

Les sons complexes

En associant deux lettres, on peut obtenir de nouveaux sons.

on un avi**on**

ou une c**ou**pe

an un diam**an**t

Aide le pirate à trouver son trésor ! Trace le bon chemin pour former le mot « pirate ».

Les syllabes simples

P	A	PA
	E	PE
	I	PI
	O	PO
	U	PU

Qu'il fait chaud dans le désert ! Complète le puzzle en reliant les syllabes manquantes aux bons emplacements.

Les syllabes complexes

AR BRE

RO CHE

C'est l'heure de manger ! Relie chaque tas de foin au bon animal.

Lire un mot

Pour t'aider à lire, les syllabes sont soulignées d'un trait.

AGNEAU

lecture

lecture

Aide l'astronaute à se repérer dans l'espace. Retrouve le nom de toutes les planètes du Système solaire dans la grille.

Les différentes écritures

Mercure Vénus

Terre Mars

Jupiter Saturne

Uranus Neptune

V	E	U	R	A	N	U	S
E	M	Q	I	J	H	I	A
N	E	P	T	U	N	E	T
U	R	L	E	P	K	X	U
S	C	O	R	I	Y	E	R
A	U	B	R	T	P	L	N
R	R	G	E	E	H	Z	E
V	E	M	A	R	S	U	O

Hermès, le messager des dieux, a fait tomber un courrier. Aide-toi des flèches pour décoder le message secret qu'il contient puis, écris-le en-dessous.

Lire une phrase

Chaque flèche indique la position d'une lettre par rapport à la précédente.

M → → → → → →

M	E	S	S	A	G	E

↘ ↓ ↓ ↓ ↓ ↓

S	E	C	R	E	T

M	E	S	S	A	G	E	J
G	S	A	U	T	O	L	S
B	F	D	S	X	A	N	E
I	T	R	U	L	K	P	C
O	L	N	V	S	Z	R	R
Q	D	F	H	M	O	T	E
X	V	R	E	Z	A	C	T

J ↓ ↓ ↘ → → → ↗ → ↗ ↓ ↓ ↓ ↓ ↓ ↓ ↓ ↗ ↗ ↑ ↑ ↑ ↑ ↑ ↑

J	C	P	E	X	Z	R	O	J	N
A	T	A	R	C	E	G	T	U	O
I	S	U	P	T	L	E	R	A	L
I	V	O	L	E	C	X	O	I	L
E	A	O	G	K	O	H	U	N	O
N	T	D	I	M	U	S	P	G	P
L	L	C	C	O	T	E	E	H	A
D	E	G	K	A	E	G	A	D	S
E	F	S	H	Y	M	L	U	C	O

....

lecture

Le tableau du célèbre peintre a disparu ! Retrouve le voleur en suivant les indices et entoure-le.

Comprendre un texte

Elle a une robe verte.

Elle n'a pas une robe verte.

On dirait bien qu'il va pleuvoir ! Copie le plus de lettres possible dans chaque nuage.

Les lettres

A B C D

E F G H I

J K L M

N O P Q

R S T U V

W X Y Z

Remplace chaque lettre par la suivante dans l'alphabet pour découvrir le message secret.

Les lettres cursives

a b c d
e f g h
i j k l
m n o p
q r s t
u v w x
y z

Découvre le nom de ces créatures fantastiques. Complète cette grille de mots croisés.

Écrire un mot

licorne

griffon

sirène

phénix

dragon

centaure

6

4

3

2

5

1

Ce sportif est tout essoufflé, il n'arrive plus à parler correctement. Barre les lignes qui ne sont pas des phrases.

La phrase

Il fait beau aujourd'hui.

une majuscule

un point

La phrase a du sens.

Quel charabia !
Place la ponctuation au bon endroit pour donner du sens à cette conversation.

La ponctuation

- **.** le point
- **!** le point d'exclamation
- **?** le point d'interrogation

Du café s'est renversé sur la carte de Paris et a effacé des lettres. Complète le nom des monuments.

Les majuscules

A B C D

E F G H I

J K L M

N O P Q

R S T U V

W X Y Z

L'Arc de Triomphe

La tour Eiffel

Le Sacré-Cœur

La cathédrale Notre-Dame de Paris

Paris

L'........ rc de .... riomphe

Le .... acré - .... œur

La tour .... iffel

La cathédrale .... otre - .... ame de .... aris

La méchante reine parle à l'envers ! Regarde le texte dans un miroir puis écris la phrase à l'endroit.

Écrire une phrase

1. Je lis la phrase.
2. Je retiens l'orthographe des mots.
3. J'écris la phrase.
4. Je vérifie que je n'ai pas fait d'erreur.

Avec le vent, les étiquettes du marché se sont envolées ! Complète-les en faisant attention au pluriel.

Le pluriel des noms

une tomate

des tomate**s**

une banane

une pomme

une pastèque

une carotte

Complète cette grille de mots croisés avec le mot de la même famille à l'origine de chaque liste.

Les familles de mots

FLOTS
flotter
flotteur
flottaison

TERRE
terrestre
terreau
terrain

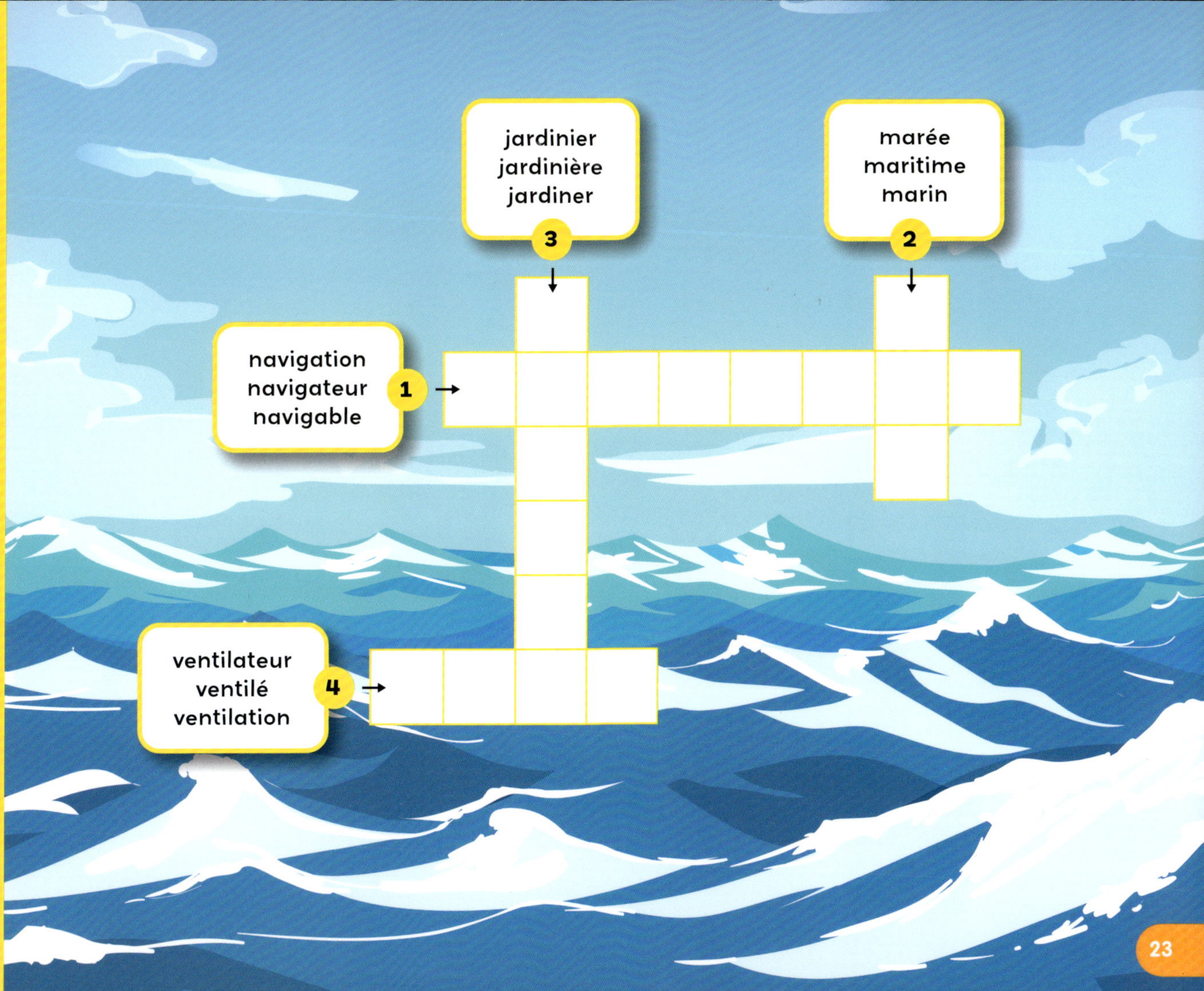

Boucle d'or s'est trompée de maison et a utilisé les objets de la famille ours. Observe l'image et entoure 10 objets dont le nom est féminin.

Le genre

un poisson

une tirelire

Quelle dictée pleine d'erreurs ! Corrige-les vite avant que l'élève ne rende sa copie.

L'accord en nombre

une corneille

des corneilles

Dictée

Le bouleau est un ~~arbres~~ à l'écorce ~~blanches~~.

Ses ~~feuille~~ sont ~~petite~~ mais très décoratives.

Le ~~cerisiers~~ du Japon fait de ~~belle~~ fleurs ~~rose~~

mais ne produit pas de cerises.

L'érable ~~rouges~~ est ~~originaires~~ du Canada.

On peut en faire du ~~sirops~~.

Bienvenue chez les Gaulois ! Découvre le rôle de chacun. Lis le texte et complète les mots croisés avec l'infinitif de chaque verbe.

L'infinitif des verbes

MANGER

je **mang**e
tu **mang**es
il **mang**e
nous **mang**eons
vous **mang**ez
ils **mang**ent

2 Le druide **soigne** avec des plantes.

3 Le forgeron **fabrique** des armes et des bijoux.

1 Pendant l'Antiquité, les Gaulois **habitent** en Gaule.

4 Le barde **chante** des histoires.

5 Le guerrier **protège** le territoire et le peuple.

Plouf ! Relie les points dans l'ordre croissant pour découvrir qui fait toutes ces vagues.

L'ordre croissant

un
deux
trois
quatre
cinq
six
sept
huit
neuf
dix

Observe l'image
et entoure les
nombres suivants :

- douze
- vingt-six
- trente-neuf
- quarante et un
- soixante-quatre

Les chiffres en lettres

0 zéro	1 un
2 deux	3 trois
4 quatre	5 cinq
6 six	7 sept
8 huit	9 neuf

Quel bazar dans la savane ! Relie chaque pièce de puzzle au troupeau correspondant.

Dénombrer une collection

36

trente-six

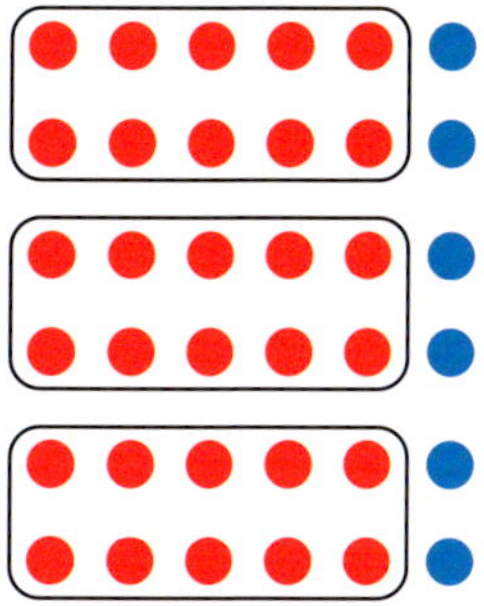

3 dizaines + 6 unités

Au voleur !
Des bijoux anciens ont disparu de la vitrine ! Aide le conservateur à compter le nombre de bijoux disparus.

Résoudre un problème

Pour m'aider, je peux faire un schéma ou écrire mon calcul ici.

Aide la sorcière à faire sa potion en passant par tous les éléments qui indiquent le nombre 23.

Les représentations du nombre

23

⚃⚃⚃⚃⚂

VINGT-TROIS

20 + 3

2 dizaines et 3 unités

Aide la fusée à détruire l'astéroïde qui menace la Terre. Complète les compléments à 10. Puis entoure l'astéroïde qui n'a pas de double. C'est lui que la fusée doit détruire.

Les compléments à 10

10 : 9+1, 1+9, 2+8, 3+7, 4+6, 5+5, 6+4, 7+3, 8+2

Les vagues ont renversé les coquillages de la petite sirène. Aide-la à ranger en reliant chaque coquillage à son double.

Les doubles

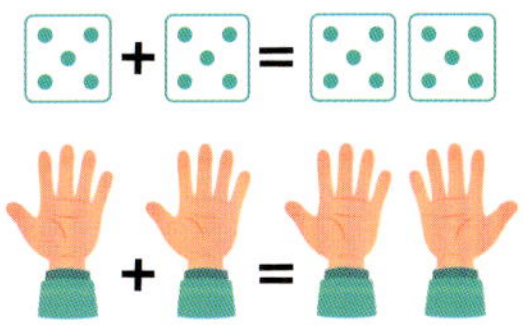

5 + 5 = 10

Juliette essaie de découvrir le secret des pyramides. Aide-la à résoudre les mystérieux calculs inscrits sur les façades.

Le calcul en pyramide

19

13+6

13 6

8+5 5+1

8 5 1

Aide Mohamed à traverser la banquise et à rejoindre son igloo. Trace son chemin en suivant les flèches.

Suivre un code fléché

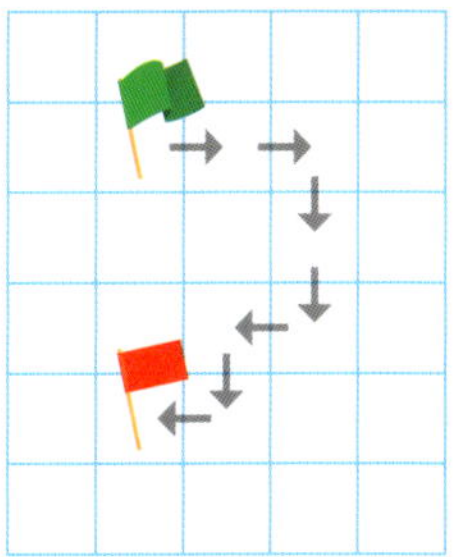

→ → ↓ ↓ ← ↓ ←

→ → ↓ → ↓ ↓ → ↓ ↓ → →

Le caissier
du supermarché
est débordé !
Aide-le à rendre
la monnaie
aux clients
en entourant les
pièces et les billets.

La monnaie

Quel chantier !
Aide
le contremaître
à y voir plus clair.
Observe l'image
et entoure :

- un cube
- un pavé droit
- une boule
- une pyramide
- un cylindre
- un cône

Les solides

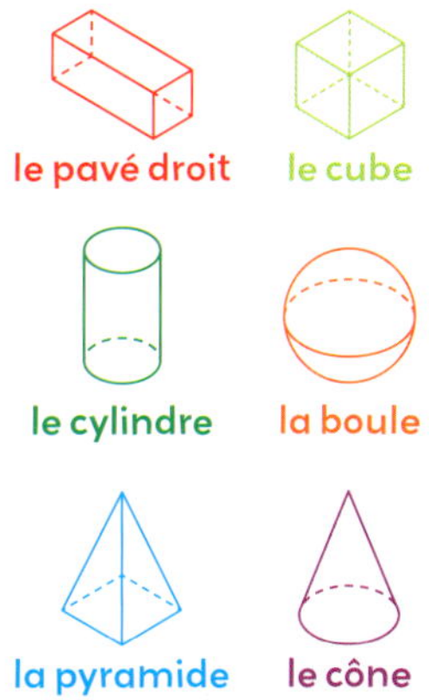

Un séisme a eu lieu et a arrêté l'horloge de la ville. Quelle heure était-il ? Entoure le villageois qui a raison.

Lire l'heure

HEURES MINUTES

Il est 2 h 00.

Quel bazar
à la plage !
Aide les enfants
à nettoyer. Entoure
les éléments
vivants.

Le vivant

un crabe

une algue

Le non-vivant

un livre

une casquette

Maël a trouvé un œuf ! À qui peut-il appartenir ? Aide-le à traverser la ferme en évitant les animaux vivipares.

Les animaux

OVIPARES
pondent des œufs.

la tortue

VIVIPARES
allaitent leurs petits.

la vache

C'est l'heure de manger à la réserve naturelle ! Relie chaque seau de nourriture au bon animal.

Les régimes alimentaires

L'alimentation herbivore

L'alimentation carnivore

L'alimentation omnivore

Aide cette petite souris à rejoindre sa maison en évitant les prédateurs !

La chaîne alimentaire

↓ est mangée par

↓ est mangé par

Ce qu'il fait chaud sur le bateau ! Observe l'image et entoure les éléments liquides.

Solides

un chapeau

un bateau

Liquides

de l'eau

de la crème solaire

Aide les enfants à nettoyer la plage. Entoure les éléments qu'on ne devrait pas trouver dans la nature.

Respecter l'environnement

Pour ne pas polluer, nous devons emporter avec nous nos déchets.

une bouteille d'eau

les restes de nourriture

Aya ne sait pas comment s'habiller aujourd'hui. Va-t-il faire chaud ? Relie chaque scène à la saison correspondante.

Les saisons

Printemps

Été

Automne

Hiver

Automne | Été | Hiver | Printemps

Connais-tu tous les mois de l'année ? Remplis la grille de mots croisés.

Les mois de l'année

JANVIER
FÉVRIER
MARS
AVRIL
MAI
JUIN
JUILLET
AOÛT
SEPTEMBRE
OCTOBRE
NOVEMBRE
DÉCEMBRE

1. C'est le premier mois de l'année.
2. C'est le sixième mois de l'année.
3. On se colle des poissons dans le dos au premier jour de ce mois.
4. On fête Noël et la fin d'année ce mois-ci.
5. C'est le mois d'Halloween.
6. C'est le mois qui précède octobre.

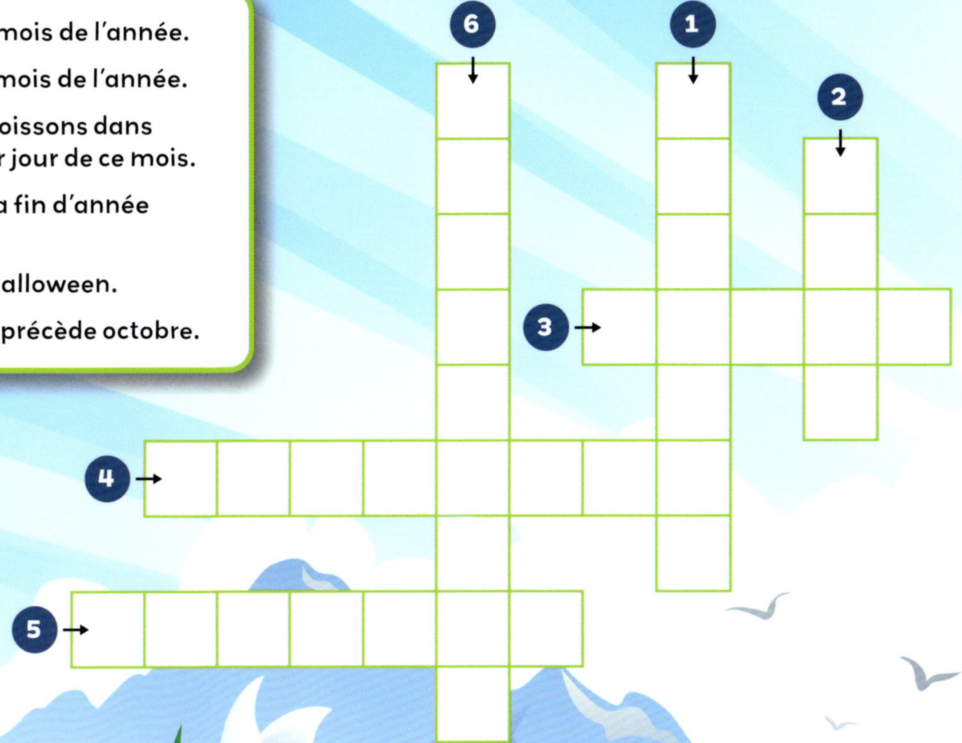

Quelqu'un a dû voyager dans le passé ! Entoure les éléments qui ne sont pas de ton époque.

L'époque des grands-parents

un téléphone du 20e siècle

un téléphone du 21e siècle

Continuons dans le passé ! Sauras-tu remplir la grille avec le matériel de l'école d'autrefois ?

L'école d'autrefois

Aujourd'hui, on écrit avec des stylos.

Autrefois, on écrivait avec une plume et de l'encre.

2 pupitre

3 ardoise

4 uniforme

1 cartable

6 plumier

5 encrier

Pinocchio et Geppetto ont été avalés par la baleine ! Observe l'image et entoure :

- le personnage à droite de l'image
- le crabe à gauche de Geppetto
- le poisson dans l'aquarium
- l'algue sur la table

Se repérer dans l'espace

à gauche à droite

à l'extérieur

à l'intérieur

La falaise n'est pas sûre ! Aide Meije à atteindre le haut de la voie en suivant les indications.

Suivre un itinéraire

dessous

dessus

Meije doit passer à droite de l'arbuste, au-dessus du nid d'oiseau, à gauche de la casquette et au-dessus des rochers.

p. 3

p. 4

p. 5

p. 6

p. 7

p. 8 on ou an

p. 9

p. 10

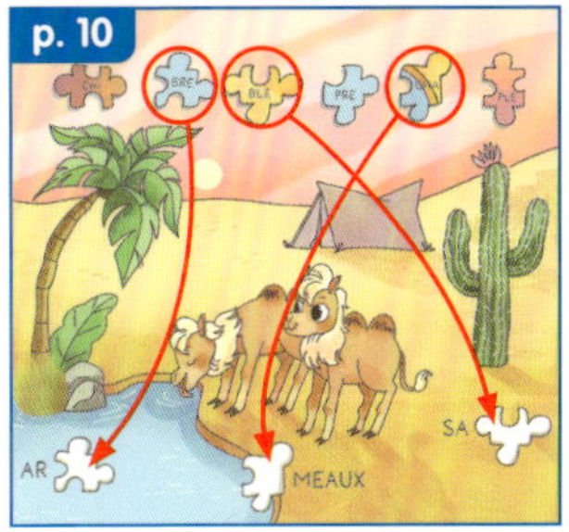

p. 11

p. 12

V	E	U	R	A	N	U	S
E	M	Q	I	J	H	I	A
N	E	P	T	U	N	E	T
U	R	L	E	P	K	X	U
S	C	O	R	I	Y	E	R
A	U	B	R	T	P	L	N
R	R	G	E	E	H	Z	E
V	E	M	A	R	S	U	O

p. 13

J	C	P	E	X	Z	R	O	J	N
A	T	A	R	C	E	G	T	U	O
I	S	U	P	T	L	E	R	A	L
I	V	O	L	E	C	X	O	I	L
E	A	O	G	K	O	H	U	N	O
N	T	D	I	M	U	S	P	G	P
L	L	C	C	O	T	E	E	H	A
D	E	G	K	A	E	G	A	D	S
E	F	S	H	Y	M	L	U	C	O

J'ai volé le troupeau d'Apollon.

p. 14 Le voleur est le personnage C.

p. 16 J'ai caché un trésor ici.

p. 17 1. licorne ; 2. sirène ; 3. dragon ; 4. griffon ; 5. centaure ; 6. phénix

p. 18 Les phrases :
Je vois enfin l'arrivée !
Je ne me suis pas assez entraîné. Dépêchons-nous !

p. 19 J'ai bu la tasse ./!
Une algue est rentrée dans ma bouche./! La vois-tu ?
Tout va bien./! Je crois que c'est la salade de ce midi.

p. 20 L'Arc de Triomphe ; Le Sacré-Cœur ; La tour Eiffel ; La cathédrale Notre-Dame de Paris

p. 21 Mon beau miroir, dis-moi qui est la plus belle.

p. 22

p. 23 1. naviguer ; 2. mer ; 3. jardin ; 4. vent

p. 24

p. 25 Le bouleau est un **arbre** à l'écorce **blanche**.
Ses **feuilles** sont **petites** mais très décoratives.

Le **cerisier** du Japon fait de **belles** fleurs **roses** mais ne produit pas de cerises.

L'érable **rouge** est **originaire** du Canada.
On peut en faire du **sirop**.

p. 26 1. habiter ; 2. soigner ; 3. fabriquer ; 4. chanter ; 5. protéger

corrigés

p. 27

p. 28

p. 29

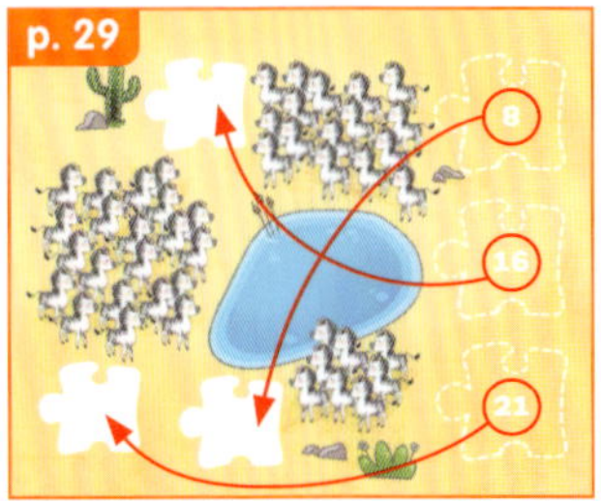

p. 30 36 – 21 = 15

p. 31

p. 32

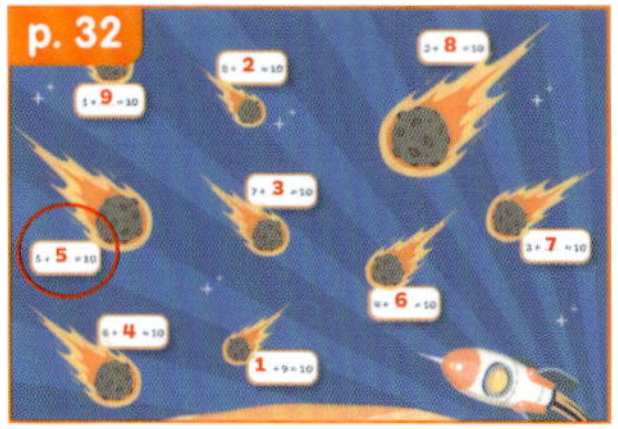

p. 33

p. 34

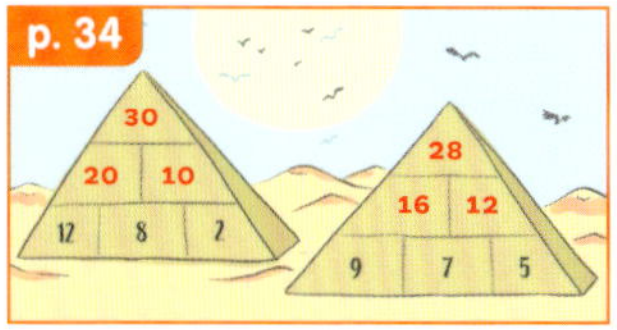

p. 35

p. 36

p. 37

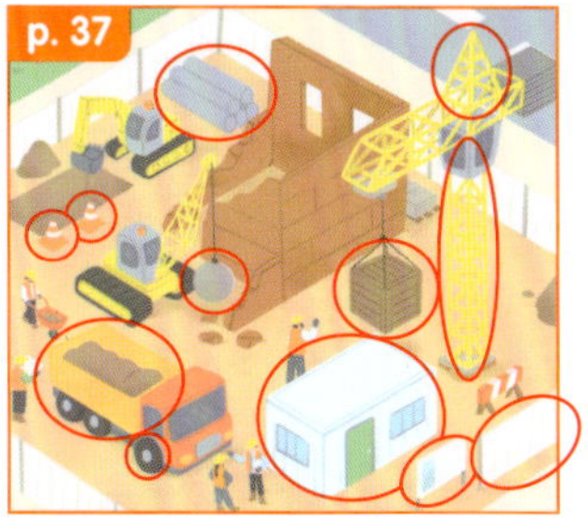

p. 38 C. Il était 8 heures.

p. 39 Vivant : enfants, crabes, étoiles de mer, coquillages, bernard-l'ermite, singe, oiseaux, poissons, chien, pieuvres, algues, oursins...

p. 40

p. 41

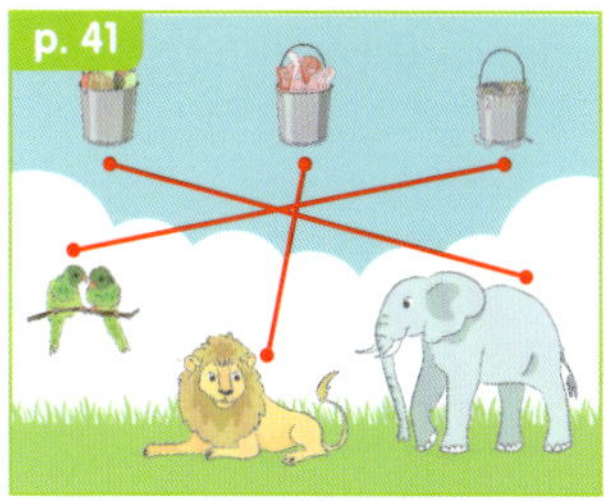

p. 42

p. 43

p. 44

p. 45

p. 46 1. janvier ; 2. juin ; 3. avril ; 4. décembre ; 5. octobre ; 6. septembre

p. 47

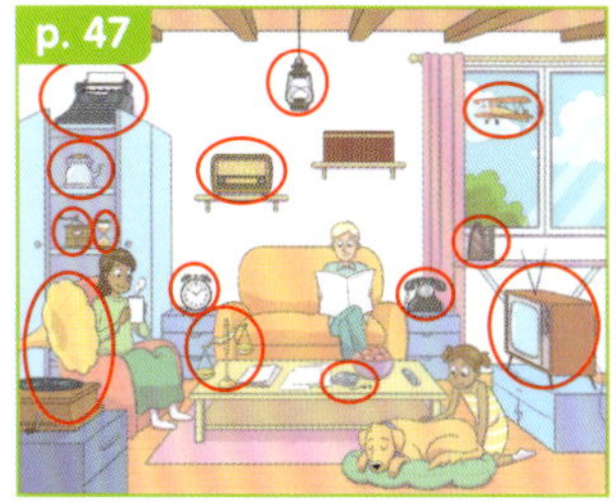

p. 48 1. cartable ; 2. pupitre ; 3. ardoise ; 4. uniforme ; 5. encrier ; 6. plumier

p. 49

p. 50